📖 주제

· 생명   · 가족   · 동물권

📖 활용 학년 및 교과 연계

초등 과정	1-2 국어	7. 무엇이 중요할까요
	3학년 도덕	6. 생명을 존중하는 우리
	3-1 과학	3. 동물의 한살이
	3-2 과학	2. 동물의 생활
	4-1 국어	3. 느낌을 살려 말해요
	4-2 사회	3. 사회 변화와 문화의 다양성
	4-2 과학	6. 지구의 모습
	5-1 과학	5. 다양한 생물과 우리생활
	5-1 사회	2. 인권 존중과 정의로운 사회
	5-2 과학	1. 재미있는 나의 탐구
	6-1 과학	2. 지구와 달의 운동
	6-2 과학	4. 우리 몸의 구조와 기능

소중하지 않은
생명은 없어!

초등 첫 인문철학왕 34
소중하지 않은 생명은 없어!

글쓴이 조종순 | **그린이** 이현정 | **해설** 한지희
기획편집 이정희 | **편집** 이상미 박주원
디자인 문지현 | **생각 실험 디자인** 김윤현

펴낸이 이경민 | **펴낸곳** ㈜동아엠앤비
출판등록 2014년 3월 28일(제25100-2014-000025호)
주소 (03972) 서울특별시 마포구 월드컵북로22길 21, 2층
전화 (편집) 02-392-6901 (마케팅) 02-392-6900 | **팩스** 02-392-6902
홈페이지 www.moongchibooks.com | Ch 뭉치북스 Instagram 뭉치북스

※ 잘못된 책은 구입한 곳에서 바꿔 드립니다.
※ 이 책에 실린 사진은 셔터스톡, 위키피디아, 게티이미지뱅크(코리아)에서 제공받았습니다. 그 밖의 제공처는 별도 표기했습니다.

도서출판 뭉치는 ㈜동아엠앤비의 어린이 출판 브랜드로, 아이들의 지식을 단단하게 만들어 주고,
아이들의 창의력과 사고력을 키워 주어 우리 자녀들이 융합형 사고뭉치와 창의뭉치로
성장할 수 있도록 좋은 책을 만들겠습니다.

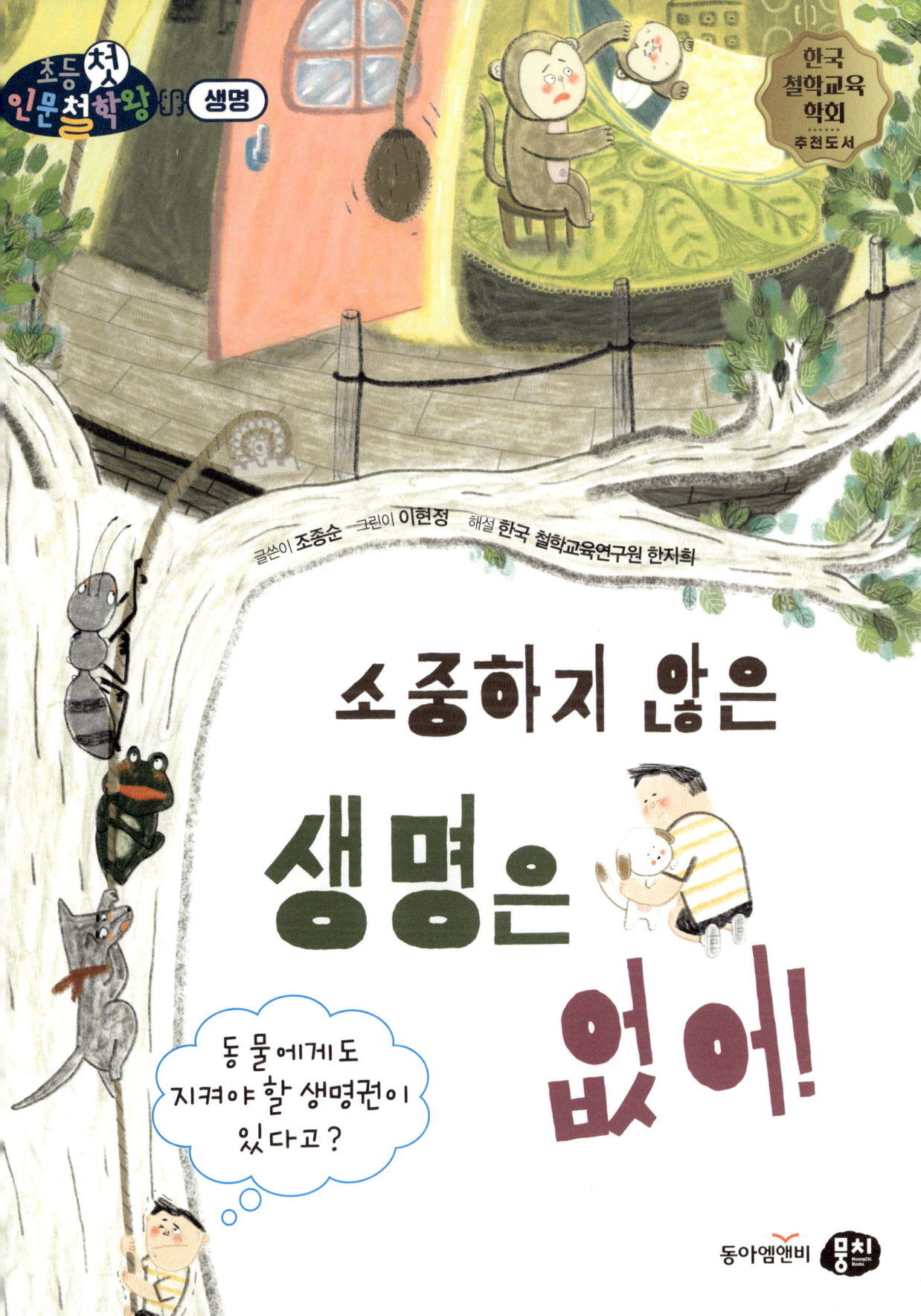

'질문'의 힘! '생각'의 힘!
'미래 인재'로 가는 힘!

어린이와 학부모님께 《초등 첫 인문철학왕》을 추천할 수 있어서 매우 기쁩니다. 어린이들이 이 시리즈를 통해 '나'에 대해, 나와 공동체 사이의 소통에 대해, 세상의 이치와 진리에 대해 마음껏 질문하고 생각하기를 바라기 때문입니다. 그렇게 되면 창의적으로 문제를 해결하는 힘 또한 커질 수 있다고 믿기 때문이지요.

'제4차 산업혁명의 시대'라는 말처럼 우리는 모든 것이 혁신적으로 변화하는 시대에 살고 있습니다. 스마트폰, 인공 지능, 첨단 로봇 등 새로운 기술과 지식이 나오는 속도도 이전과 비교할 수 없을 정도로 빨라졌지요. 세상에 넘쳐나는 지식과 정보는 이제 누구나 쉽게 구할 수 있고, 개인의 두뇌에 담아낼 수 있는 용량을 넘어선 지 오래입니다. 결국 이 시대의 아이들에게 필요한 것은 지식보다는 그 지식을 다루는 지혜와 창의성 아닐까요?

7차 교육과정 개정 이후 학교 교육도 이러한 시대 흐름에 맞추어 미래 사회가 요구하는 인문학적 상상력과 과학기술 창조력을 두루 갖춘 창의융합형 인재를 양성하는 것을 목표로 합니다.

'철학'은 '지혜를 사랑하는'이란 뜻을 가진 말입니다. 이 학문은 여러분처럼 모든 것에 호기심 많았던 철학자들로부터 시작됩니다. 아주 오래전부터 인간, 사회, 자연, 우주, 진리 등 다양한 분야에서 다른 사람들보다 더 깊이, 더 많이, 그리고 아주 끈질기게 했던 수많은 질문과 탐구를 하며 만들어졌습니다.

마치 높은 곳에 올라가면 마을 전체를 내려다볼 수 있는 넓은 시야를 얻게 되듯이, 철학을 한다는 것은 하나의 문제를 더 큰 눈으로 볼 수 있게 되는 것이랍니다. 그러면 어떤 점이 좋을까요? 더 넓게 보는 눈, 더 깊이 있게 보는 눈, 다른 사람들이 생각하지 못한 부분들을 상상하고 찾아낼 수 있는 눈이 생깁니다. 또 우리 앞의 문제들을 자신만의 창의적인 방법으로 해결할 수도 있고, 그 문제를 해결하다가 다른 더 큰 문제를 발견하여 미리 처리할 수도 있습니다.

　《초등 첫 인문철학왕》은 바로 그러한 생각의 눈을 아주 활짝 열어 줄 것입니다. 주제와 관련된 재미있는 동화, 이와 연결된 깊이 있는 인문 해설과 철학 특강, 창의·탐구 활동 등으로 구성된 시리즈는 아이들이 세상에 넘쳐 나는 지식을 지혜롭게 다루는 힘을 길러서, 문제해결력을 갖춘 창의적 인재로 성장할 수 있게 해 줄 것입니다.

　그러니 이 책을 읽으며 여러 분야에서 떠오르는 호기심과 질문들을 혼자만 가지고 있지 말고 친구, 가족과도 나누어 보시길 바랍니다. 모두가 질문하고 생각하는 힘이 생긴다면, 어려운 문제들을 함께 해결해 나가는 공동체를 만들 수 있겠지요?

　이 책을 읽는 여러분들 모두, 그런 멋진 공동체를 하나둘 만들어 나가는 지혜로운 미래 인재가 되기를 기대합니다.

이지애 드림
(이화여대 철학과 부교수, 한국 철학교육 학회 회장)

구성과 활용

초등 첫 인문철학왕
이렇게 활용하세요!

생각 실험

생각 실험은 어떤 사실을 알기 위해 여러 가지 실험과 사례를 연구하는 것이에요. 철학이나 자연 과학 분야 등에서 널리 사용되는 방법이에요. 권마다 주제에 관련된 실험, 유명한 인물의 사례 등을 읽으며 상상력과 문제 해결력을 키워 보세요.

만화 & 동화

40권의 인문 철학 주제별로 아이들의 생활 세계 속 이야기, 패러디 동화 등이 다양하게 펼쳐져요. 처음과 중간은 만화, 본문은 그림 동화로 되어 있어서, 재미난 이야기에 푹 빠질 수 있어요.

인문철학왕되기

오랫동안 어린이들과 함께 철학 수업을 연구하고 진행해 온 한국 철학교육연구원 소속 교수와 연구진들이 집필했어요.

소쌤의 철학 특강, 인문 특강, 창의 특강으로 구성되었어요. 주제와 이야기 안에 숨겨진 철학적 문제들에 대해 함께 답을 찾아갈 수 있도록 깊이 있는 토론과 특강, 그리고 재미있는 활동으로 구성되었어요.

난 질문하는 **소크라테스**! 문제를 해결할 수 있도록 도와주지!

난 **뭉치**. 같이 생각하고 토론하지!

난 늘 창의적인 **새롬**이!

난 생각이 깊은 **지혜**!

교과 연계

각 권마다 최신 개정 교과서 단원과 연계되어 교과 학습에 도움이 되도록 구성되었어요. 권별로 확인하세요.

이 책의 차례

추천사 ··· 4

구성과 활용 ··· 6

생각 실험 동물도 똑같은 생명이에요 ················· 10

만화 생명을 사도 될까? ·································· 20

울보괴물 ·· 22
- **인문철학왕되기1** 생명이란 뭘까?
- **소쌤의 인문 특강** 생명권이란?

두 가지 게임 ·· 38
- **인문철학왕되기2** 동물에게도 생명권이 있을까?
- **소쌤의 철학 특강** 동물권을 주장한 피터 싱어

| 만화 | **동물과 함께** ———————————————— **60** |

초롱아, 미안해! ———————————————— 66
- 인문철학왕되기3   동물도 생명이니 사람과 똑같이 대하라고요?
- 소쌤의 인문 특강   동물 복지가 뭘까요?

내 소원은 ———————————————————— 78
- 인문철학왕되기4   만일 나라면?
- 창의활동   포스터를 만들어 볼까요?

동물도 똑같은 생명이에요

몇 년 전 대전 동물원에서 '뽀롱이'라는 이름의
퓨마가 우리를 탈출했어요.
사육사가 우리를 청소한 뒤 뒷문을
제대로 잠그지 않아 벌어진 일이었죠.

뽀롱이는 약 4시간 만에
동물원 안 야산에서 발견되었어요.
동물원 관리인이 마취총을 쏘았지만
뽀롱이는 잡히지 않았어요.
그러자 경찰 특공대가 진짜 총을 쏘았고,
뽀롱이는 결국 죽고 말았어요.

뽀롱이가 사살되었다는 소식이 알려지자,
동물 보호 단체와 일반 시민들도 비판의 목소리를 높였어요.

> **죄 없는 생명을 왜 죽였나?
> 야생 동물을 가두는 동물원을
> 폐지하라!**

어미를 잃은 아기 퓨마들은 불안한지 우리 안을 왔다갔다 했어요.

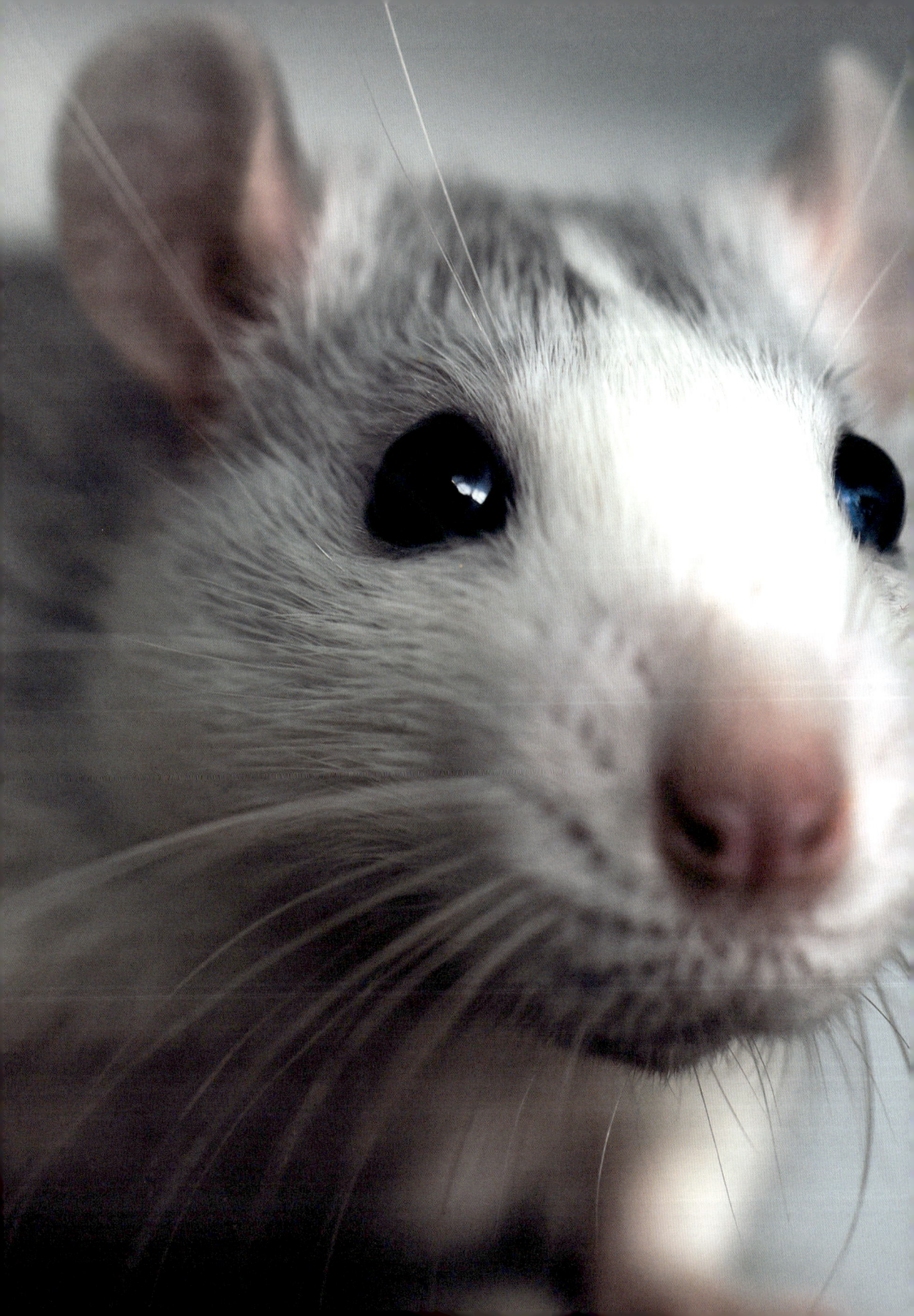

사람은 생명으로서 존중받을 권리인 인권이 있어요.
동물도 사람처럼 생명으로서 존중받을 권리가 있답니다.
하지만 수많은 야생 동물이 동물원이나 수족관에서 갇혀 지내고,
실험에 이용되기도 합니다.
미국에서는 해마다 동물 2천만 마리 정도가
실험에 이용된다고 해요.
이 중 85%는 쥐, 새, 토끼예요.

동물 실험에 대해 사람들은 생각이 서로 달라요.
동물을 생명으로 존중하는 이들은 실험에 이용되어
죽어 가는 수많은 동물들을 안타까워해요.

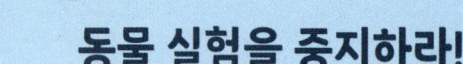

"동물 실험을 중지하라!"

한편, 다른 쪽에서는
인간의 질병을 연구하고, 치료하려면 실험을 해야 하고
사람에게 실험할 수 없기 때문에
동물 실험이 꼭 필요하다고 하지요.

여러분의 생각은 어떤가요?

> 동물 실험은 인류 보존을 목적으로 한다.
> 질병 예방에 불가피하기 때문에
> 동물 실험은 꼭 필요하다.

생명을 사도 될까?

울보 괴물

동생이 귀엽다고? 내 동생 강산은 무시무시한 괴물이야. 지금도 얼굴에 잔뜩 힘을 주고 똥을 싸. 얼굴이 새빨개진 게 꼭 원숭이 괴물 같아.

"어이구, 우리 똥강아지, 황금 똥을 누셨네."

할머니가 똥 기저귀를 갈며 활짝 웃었어.

구린내만 진동하는데 황금 똥이래. 우웩!

"철이는 착한 형이니까 이 기저귀 좀 쓰레기봉투에 버릴래?"

"싫어! 나 착한 형 안 해."

난 내 방으로 휙 들어왔어. 책상 위에 흩어져 있는 빨대들이 보였어. 어제 문화 센터에서 빨대로 팬 플루트를 만들었거든. 다른 아이들은 빨리빨리 척척 잘 하는데 나는 만날 시간이 모자라. 나는 빨대를 붙였다 떼었다 하면서 겨우 완성했어. 색색깔 빨대 팬 플루트가 꽤 멋있었어. 부우! 우아, 소리도 근사하게 나. 나는 빨대 팬 플루트를 높이 들고 뛰어나갔어.

"엄마, 엄마! 이것 좀 봐!"

그때였어. 똥강아지가 또 '으앙!' 울기 시작했어. 울보괴물 같아. 엄마랑 아빠가 동시에 나를 노려보며 소리쳤어.

"강철! 왜 동생을 깨우고 난리니?"

내가 뭘 어쨌다고 그래? 나는 빨대 팬 플루트를 주머니 속에 아무렇게나 쑤셔 넣고 방으로 들어가 문을 쾅 닫았어. 오늘은 내 생일이라고. 형우는 생일에 동물원에도 가고, 귀여운 강아지도 선물 받았다는데 **내 생일은 아무도 몰라.** 작년 생일엔 엄마가 레고도 사 주고, 친구들도 불러서 떡볶이 파티도 했는데. **이게 다 저 울보괴물이 엄마 아빠 정신을 쏙 빼놓았기 때문이야.**

이불을 푹 뒤집어쓰고 발로 이불을 백 번쯤 파바박 찼어. 그때 갑자기 뭔가 번쩍 떠올랐어. 깜짝 선물! 엄마는 깜짝 선물을 좋아해. 산타클로스처럼 선물을 숨겨 놓고 시치미를 뚝 떼고 있는 거 아닐까?

가슴이 두근거렸어. 나는 발딱 일어나 책상 서랍이랑 침대 밑이랑 책꽂이까지 샅샅이 뒤졌어. 의자 위에 올라가서 책꽂이 위까지 다 봤어. 켁켁. 매캐한 먼지뿐이야. 쿠당탕 퉁탕! 발을 잘못 디뎠나 봐. 의자에서 굴러떨어졌어. 무릎도 아프고, 엉덩이도 아팠어. 책이 쏟아져서 방도 엉망이 됐어. 내 마음은 더 엉망이 됐어.

엄마가 방문을 벌컥 열고 소리쳤어.

"세상에, 이게 다 뭐야! 기저귀 좀 버리랬더니, 자는 동생 깨우질 않나, 방을 어지르질 않나? 청개구리처럼 이럴래?"

엄마는 책 떨어진 것만 보이고, 나는 보이지도 않나 봐.
"쳇, 나 진짜 청개구리 될 거야. 엄마 미워!"
나는 현관문을 '쾅' 닫고 집을 나와 버렸어.
우리 집은 놀이터까지 1분도 안 걸려. 베란다에서 엄마가 나를 보고 있겠지. 아니야. 엄마도 내가 미워서 안 쳐다보겠지? 나는 뒤돌아보고 싶었지만 꾹 참고 놀이터까지 뛰어갔어.

우리 동네 놀이터는 거꾸로 놀이터야. 아주아주 커다란 미끄럼틀은 거대한 성이 거꾸로 세워진 모양이라 지붕이 땅바닥에 있어. 내려오는 미끄럼틀도 네 개나 있어. 가장 짧은 미끄럼틀은 유치원 동생들이 타니까 난 좀 더 긴 미끄럼틀을 타. 가장 위에 있는 긴 미끄럼틀은 너무 높고 구불구불해서 무서워. 딱 한 번 타 보았는데 심장이랑 머리가 다 터지는 줄 알았어. 눈물 콧물 다 흘리고 토하기까지 했다니까. 난 높은 데 올라가는 거 정말 싫어.

그네도 거꾸로 그네야. 그네 의자가 자동차 모양인데 지붕이 땅바닥 쪽으로 되어 있고, 바퀴가 하늘로 향해 있어. 꼭 하늘을 달려가는 자동차 같아.

평소에는 아이들이 엄청 많은데 오늘은 웬일인지 아무도 없었어. 너무 더워서 모두 바다로 놀러 갔나?

바람 빠진 축구공이 보였어. 쭈글쭈글한 게 꼭 나 같아. 나는 공을 뻥 찼어. 공이 풀숲에 툭 떨어졌어. 일부러 신발에 흙이 묻게 땅바닥을 툭툭 차며 공을 주우러 갔어.

"기다려."

공을 주우려다 놀이터를 휙 둘러봤어. 아무도 없었어. 공 옆에 개미들만 있었어. 개미들은 길게 줄을 맞춰 가는 중이었어. 자세

히 보니 제일 뒤에 가는 개미가 점점 뒤처지고 있었어. 저러다가 혼자만 외톨이로 뚝 떨어지게 생겼어. 우리 집에서도 나만 외톨이인데…….

대장 개미는 꼴찌 개미가 따라오든 말든 신경도 안 쓰고 앞으로만 갔어. 울보괴물만 보이고 나는 보이지도 않는 우리 엄마처럼 말이야.

나는 나뭇잎으로 대장 개미를 막으며 혼내 주었어.

"야, 넌 왜 네 맘대로만 해? 저 꼴찌 개미가 안 보여?"

대장 개미는 내 말은 싹 무시하고 다른 길로 더 바쁘게 가기 시작했어. 나는 나뭇잎으로 또 대장 개미 앞을 막았어. 대장 개미는 또 길을 바꿨어. 그 사이에 꼴찌 개미가 도착했어.

"얼른 따라 가. 놓치겠어."

나뭇잎을 치우자 개미들이 길게 줄을 맞춰 출발했어. 꼴찌 개미도 같이 갔어.

어디선가 개굴개굴 요란한 개구리 소리가 들렸어.

혼자 공차는 건 역시 재미없어. 나는 철봉에 거꾸로 매달렸어. 세상이 휙 거꾸로 뒤집어졌어. 개구리들이 하늘에서 거꾸로 떨어지며 개굴개굴 울었어.

"나도 울고 싶다. 개굴개굴."

아이들은 안 오고 먹구름만 떼로 몰려왔어. 하늘이 컴컴해지더니 후두두둑! 소나기가 쏟아졌어. 나는 얼른 철봉에서 내려왔어. 금방 집으로 돌아가고 싶지는 않았어. 얼른 미끄럼틀로 올라갔어. 미끄럼틀 지붕 밑에 쪼그리고 앉아 비가 그치기를 기다렸어. 백만 년쯤 흘렀을 것 같아. 비도 그치지 않고, 엄마도 오지 않았어. 오기는커녕 베란다에 나와 보지도 않았어. 엄마는 내가 없어진 것도 모를 거야. 엄마는 울보괴물 똥강아지만 있으면 되니까.

'치, 정말 오늘은 밥도 안 먹을 거야!'

비가 점점 더 세게 내렸어. 미끄럼틀 지붕 밑으로도 비가 막 쳐들어왔어. 나는 지붕이 좀 더 큰 미끄럼틀로 올라갔어. 비는 내가 피하는 곳마다 따라다녔어. 어쩌다 보니 가장 높은 미끄럼틀까지 올라왔어. 심장이 벌렁벌렁 난리가 났어. 다리도 덜덜 떨렸어. 이 긴 미끄럼틀은 정말 무섭거든. 청개구리가 개굴개굴 시끄럽게 울었어. 내려가지도 못하는 나를 놀리는 것 같았어.

"울보괴물 똥강아지 강산이 없어져 버리면 좋겠어!"

시간을 거꾸로 돌릴 수만 있으면 동생 같은 건 태어나지 않게 할 거야. 절대로!

난간을 꽉 잡고 쪼그리고 앉아 곰곰이 생각해 보았어. 하지만 시간을 되돌릴 방법은 알 수 없었어. 그런 건 만화나 영화 속에서나 일어나는 일이니까. 발이 너무 저려서 더 못 앉아 있겠어. 옷까지 다 젖어서 추웠어.

"누가 나 좀 살려 줘."

내 목소리는 점점 더 힘이 빠지고 작아졌어.

"철아! 강철!"

엄마가 왔나 봐. 나도 모르게 손을 흔들 뻔했어. 하지만 곧 다시 손을 내렸어.

'치, 이제야 오고.'

나는 엄마가 못 찾게 조금 더 안으로 숨었어. 그런데 그만 발이 쭉 미끄러졌어. 그 바람에 미끄럼틀 통 안으로 쭈루룩 굴러떨어졌어. 안 돼! 여긴 가장 높은 미끄럼틀이라고. 구불구불한 미끄럼틀 통이 커다란 파도처럼 출렁였어. 심장이 터지기 직전에야 바닥으로 쿵 떨어졌어. 멀미하는 것처럼 속이 울렁거려. 우웩! 나는 토하고 말았어.

"철아!"

엄마가 나를 일으켜 주었어. 엄마 손을 뿌리치다가 깜짝 놀랐어. 나를 일으켜 준 건 엄마가 아니었어.

인문철학 왕 되기

생명이란 뭘까?

생명은 살아서 숨쉬는 것뿐 아니라 활동하는 모든 것을 말해요.

나는 철이 마음 이해해! 일 년에 한 번뿐인 생일을 아무도 챙겨 주지 않는다면 속상할 거야.

맞아! 나도 동생이 태어나면서 엄마가 아기만 좋아하고 나는 뒷전이 된 것 같아 서운했어. 아기 울음소리는 또 얼마나 큰지…….

아기는 왜 우는 걸까?

만약 동물이 말을 할 수 있다면 인간에게 하고 싶은 말이 많을 것 같아.

말을 못 하거나 울음소리도 못 내는 동물들은 어떻게 하지?

우유가 먹고 싶거나 기저귀를 갈아달라는 거 아닐까요? 아기는 말을 못 하니 울기라도 해야 원하는 걸 얻을 수 있잖아요.

재미있는 생각이네! 엄마가 철이를 '청개구리'라고 탓하는 소리를 청개구리가 들었다면 뭐라고 했을까?

그런 일이 일어난다면 동물들이 그동안 마음에 쌓인 말을 하느라 세상이 엄청 시끄러울 것 같다.

꼴찌 개미가 말을 할 수 있었다면, 더 쉽게 대장 개미를 따라갈 수 있었을 텐데. 위험에 빠지지 않고 말이야.

소쌤의 인문 특강

생명권이란?

생명은 살아서 숨 쉬며 활동하는 모든 힘을 말해. 생명권은 생명의 가치를 존중받을 권리야. 다른 모든 권리는 생명을 바탕으로 생겨나지. 누구나 하나뿐인 소중한 생명은 어떤 이유로라도 함부로 침해받아서는 안 돼.

알베르트 슈바이처는 의사와 약이 턱없이 부족한 아프리카에서 헌신적 의료 봉사를 했어. 그는 『나의 생애와 사상』이라는 책을 썼어. 책에 나오는 '모든 생명은 거룩한 것으로, 희생되어도 될 생명은 없다.'라는 말이 아주 유명하단다.

슈바이처는 의료 봉사를 하는 데에서 나아가 인류의 형제애를 발전시키는 데 기여한 공로를 인정받아 1952년 노벨 평화상을 받았지.

생명권에서 가장 중요한 것은 누구도 타인의 생명을 해쳐서는 안 된다는 거야. 더불어 생명이 침해당하지 않도록 노력해야 한다는 의무까지 포함돼.

생명권을 지키기 위해서 전 세계적으로 여러 가지 **운동**이 일어났어.

"전쟁이나 테러를 반대하고, 사고로 인명 피해가 발생하지 않도록 하며, 남의 자살을 돕거나 방치하는 행위는 범죄로 묶는다."

전쟁과 학살 등 대규모 폭력에 반대하는 평화주의

세계 곳곳에서 벌어지는 전쟁에 반대하는 운동이 일어나고 있어. 전쟁으로 인해 무고한 많은 시민들이 죽거나 다치는 것을 막기 위해서야.

전쟁반대 포스터와 피켓

산업 재해로 사람이 다치거나 죽는 일을 막으려는 산업 안전 의식

해마다 산업 재해로 2,000명가량이 목숨을 잃어. 더 이상 이런 일이 일어나지 않게 하기 위해 중대재해처벌법을 만들었지.

사형제 반대 운동

아무리 큰 죄를 지은 사람도 하나밖에 없는 소중한 생명이니 그 가치를 존중해야 한다는 생각에 동참하는 사람들이 펼치는 운동이야.

↑ 사형제 반대

산업 재해 방지 시위

두 가지 게임

"헉, 괴물이다!"

나만큼 큰 개미가 내 손을 잡고 있었어. 사람처럼 말도 하고. 내가 손을 잡아빼며 발버둥칠수록 괴물은 나를 더 꽉 잡았어. 나는 너무 무서웠어.

"나, 괴물 아니야. 아까 네가 놀이터에서 나 도와줬잖아."

그제야 혼자 뒤처진 꼴찌 개미가 생각났어.

"거짓말! 그 개미는 진짜 개미만 했다고."

괴물 개미가 낄낄낄 웃었어.

"개미만 한 게 얼마만 한 건데? 여기는 다른 세상이야. 여기서는 누구나 다 똑같아."

나는 깜짝 놀라 주변을 살펴보았어. 놀이터는 그대로였어.

"여긴 우리 동네 거꾸로 놀이터야. 너희 동네 거꾸로 놀이터가 아니라고."

꼴찌 개미가 그네를 가리켰어. 그제야 다른 게 보였어. 그네 의자가 거꾸로이기는 한데 자동차가 아니라 뒤집어진 청개구리 모양이었어. 미끄럼틀 지붕도 뒤집어진 새 둥지 모양이었어.

"우린 이 미끄럼틀을 통해서 언제든지 너희 동네로 갈 수 있어. 너희는 우리가 부를 때만 올 수 있지만."

"꼴찌 개미, 네가 나를 부른 거야?"

꼴찌 개미가 고개를 세게 끄덕였어. 그러더니 버럭 화를 냈어.

"나 꼴찌 아니야. 막내지."

꼴찌 개미라는 말이 기분 나빴나 봐. 내가 얼른 사과하자 막내 개미는 까르륵 웃으며 내 어깨를 툭 쳤어.

"그런데 왜 불렀어?"

"개미라면 은혜는 꼭 갚아야 해. 은혜 갚은 개미 이야기 알지?"

"사냥꾼 발을 물어서 비둘기를 구해 준 개미?"

"응, 비둘기가 나뭇잎을 떨어뜨려서 물에 빠진 개미를 먼저 구해 줬잖아."

나는 고개를 끄덕이며 알은체를 했어.

"네가 날 도와줬으니 난 그 은혜를 갚아야 해."
나는 기분이 좋아서 입이 자꾸 벙싯 벌어졌어.
"정말? 뭐든지 도와줘?"
막내 개미가 자신 있게 고개를 끄덕였어.
"내 동생을 사라지게 해 줘."

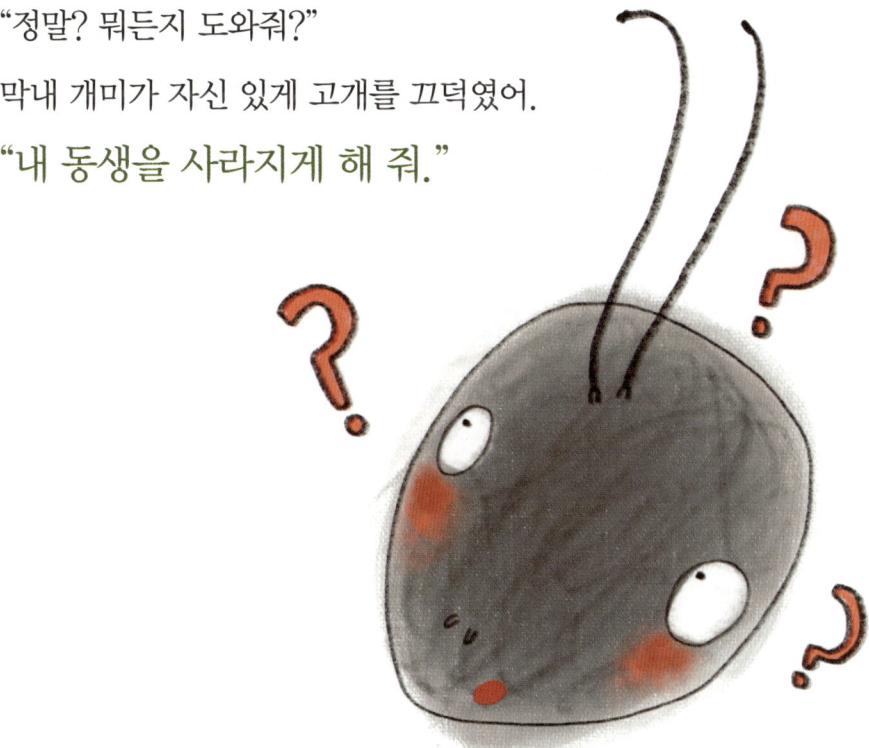

막내 개미 눈이 동그래졌어.

"어떻게 동생을 사라지게 해? 그런 건 못 해."

"뭐든지 들어준다면서? 강산이 태어나기 전으로 시간을 되돌리면 되잖아. 그럼 내가 엄마 아빠한테 말해서 절대로 강산을 낳지 말라고 할 거야."

막내 개미가 곰곰이 생각하더니 큰소리를 쳤어.

"소원을 들어주는 꽈리피리가 있어. 꽈리피리는 뭐든지 다 들어주니까 네 소원도 들어줄 거야."

"그래? 그럼 얼른 줘."

그런데 막내 개미가 곤란한 표정을 지었어.

"나한테 없어."

"도와준다며?"

나도 모르게 버럭 소리를 질렀어.

하지만 막내 개미는 또 까르륵 웃으며 말했어.

"걱정 마. 누가 가지고 있는지 아니까. 나만 따라 와!"

막내 개미가 내 손을 잡아끌었어.

소원을 들어주는 꽈리피리라니 생각만 해도 신이 났어. 여긴 정말 신기하고 재미있는 세상인가 봐.

막내 개미는 숲속으로 점점 더 깊이 들어갔어. 바람이 샤샤샥 시원하게 불었어. 나뭇잎들도 샤샤샥 바람에 맞춰 춤을 추었어. 나는 숲속을 구경하느라 사방을 둘러보며 따라갔어. 그런데 뒤를 돌아보는 순간 무언가가 나무 뒤로 쏙 숨는 거야.

"막내 개미야, 누가 따라오나 봐."

막내 개미가 멈추더니 숲속을 휘 둘러보았어.

"아무도 없는데? 바람 때문에 나뭇잎들이 흔들렸겠지."

막내 개미는 별일 아니라는 듯 다시 앞장 섰어. 잠시 뒤, 작은 연못가에서 멈추었어.

내 입이 떡 벌어졌어. 지붕부터 바닥까지 온통 초록색인 집이 뒤집어진 채 세워져 있었어. 거꾸로 놀이터처럼 말이야.

"청개구리 집이야. 청개구리는 뭐든 재미있어야 하거든."

막내 개미가 초인종을 눌렀어. 그러자 나만큼 키가 큰 청개구리가 폴짝 뛰어나왔어.

"녕안, 녕안!"

무슨 말인지 몰라 내가 고개를 갸웃거리자 막내 개미가 얼른 속삭였어.

"거꾸로 하는 청개구리 인사법이야."

"인사도 청개구리처럼 하네."

나는 작게 속삭였어. 청개구리가 내 앞으로 폴짝 뛰어오더니 크게 외쳤어.

"내 인사법이 뭐 어때서? 사람이 여긴 왜 온 거냐?"

청개구리는 몹시 화가 난 것 같았어. 나는 청개구리가 꽈리피리를 안 줄까 봐 덜컥 겁이 났어.

막내 개미가 웃으며 청개구리에게 나를 소개했어.

"얘는 강철이야. 내가 초대했어. 청개구리야, 철이한테 꽈리피리 좀 빌려줄래?"

"꽈리피리를? 어림도 없지!"

"청개구리야, 난 철이한테 은혜를 갚아야 해. 그래서 꽈리피리를 꼭 빌려주고 싶어."

막내 개미가 아무리 설명을 해도 청개구리는 믿지 않았어.

"사람에게 신세 졌다는 말을 내가 믿을 것 같아? 흥! 사람들은 자기밖에 몰라. **사람들한테 동물은 필요하면 사용하고, 필요 없으면 버리는 물건일 뿐이라고.**"

청개구리는 사람들한테 잔뜩 화나 있었어. 내가 얼른 나섰어.

"난 동물을 정말 좋아해."

"흥! 너 개구리한테 돌멩이 던진 적 없어? 잠자리 잡겠다고 잠자리채 들고 다닌 적은?"

가슴이 뜨끔했어. 며칠 전에도 잠자리채 들고 동네 공원에 갔었거든. 잡았던 잠자리를 다시 놓아주기는 했지만, 날개가 찢어지는 바람에 잘 날지 못했어. 그 잠자리는 지금 어떻게 됐을까? 개구리한테 할 말이 없었어.

"우리 개구리를 실험실에서 해부한다고 자기들 맘대로 칼을 들이대. 쥐에게는 새로운 약물이 안전한지 억지로 먹이고. 또 일부러 상처를 내서 피 나게 한 뒤, 상처가 아무는 실험에 사용하고는

버려."

팔에 소름이 오스스 돋았어. 종이에 살짝 베어도 쓰리고 아픈데 쥐들이 얼마나 아팠을까 생각하니, 체했을 때처럼 가슴이 답답했어.

"처음부터 실험동물로 태어나서 실험실에서 죽어가는 동물도 많아. 자유도 한 번 못 누려 보고 말이야. 그렇게 사는 게 얼마나 끔찍한지 알아? 우리도 사람처럼 고통을 느낀다고!"

 청개구리는 가슴 속에 쌓인 게 얼마나 많은지 폭포처럼 말을 쏟아 냈어.
 며칠 전에 새로운 약이 동물 실험을 통과했다고 뉴스에 나왔었어. 그동안 내가 먹었던 약이나 식품이 동물 실험을 했던 것들일지도 몰라. 나는 동물을 일부러 괴롭히지는 않았다고 생각했어. 하지만 이제는 아무 말도 할 수 없어.
 "네 말이 맞아. 우리 개미를 괜히 밟아 죽이는 아이들도 많거든.

하지만 사람들이 다 나쁜 건 아니야. 철이는 정말 나를 도와줬어. 덕분에 큰형을 안 놓쳤지. 난 거짓말 안 해."

막내 개미가 청개구리를 똑바로 쳐다보며 또박또박 말했어.

청개구리는 마음이 조금 흔들리는지 한 발 뒤로 물러났어.

"그래? 그래도 꽈리피리는 못 줘. 이젠 나한테 없으니까."

"뭐? 그럼 누구한테 있어?"

나는 놀랍고 당황스러웠어. 나는 조심스럽게 물었어. 청개구리는 차갑게 딱 잘라 말했어.

"그건 비밀이야."

"왜? 왜 비밀인데?"

막내 개미가 간절한 얼굴로 묻자, 청개구리가 목소리를 잔뜩 낮추더니 알려 줬어.

"누군가 꽈리피리를 노리고 있대. 그래서 보관하는 곳을 계속 바꾸는 중이야."

잔뜩 부풀었던 내 마음이 바람 빠진 공처럼 쪼그라들었어.

막내 개미가 내 옆구리를 쿡쿡 찔렀어. 청개구리한테 조르기라도 하라는 듯이 말이야. 하지만 나는 땅바닥만 쳐다보며 고개를 저었어. 실험 동물 이야기 때문에 미안했거든.

나를 뚫어질 듯 쳐다보던 청개구리가 놀라운 제안을 했어.

"그래도 얘는 미안한 건 아네. 좋아. 나랑 게임 두 개만 해. 네가 이기면 꽈리피리가 어디 있는지 알려 줄 수도 있고……"

나랑 막내 개미는 손을 잡고 깡충깡충 뛰었어. 청개구리는 재미있는 걸 좋아한다더니 정말 그런가 봐.

"게임은 내가 정할 거야."

나는 고개를 세게 끄덕였어. 다른 때 같으면 그런 법이 어디 있냐며 따졌겠지만, 지금은 그럴 때가 아니잖아.

"거꾸로 말하기. 괜찮지?"

나는 조금 자신 없었어. 차라리 가위바위보나 딱지치기 같은 걸 하면 좋을 텐데.

"낱말을 부르면 거꾸로 대답하는 거야. 내가 먼저 할게. 개미!"

이 정도는 쉽지. 나는 얼른 대답하고 문제를 냈어.

"미개. 청개구리."

청개구리는 어려운 낱말도 척척 말했어.

"리구개청. 상아부리딱따구리."

으악, 너무해. 저건 똑바로 해도 어려운 낱말이잖아.

"리, 구, 딱, 따, 리, 아, 부, 리. 아니, 아니, 다시 할게."

"틀렸다! 다시는 없어. 리구따딱리 부아상. 내가 이겼지?"

나는 힘이 쭉 빠졌어. 게임이 너무 싱겁게 끝나 버렸거든.

"축하해. 네가 이겼어. 다음 게임은 뭐야?"

청개구리는 나를 잠깐 쳐다보더니 말했어.

"높이뛰기!"

"뭐? 그건 해보나 마나 네가 훨씬 유리하잖아."

막내 개미가 화를 내며 끼어들었어.

"괜찮아. 게임은 청개구리가 정하기로 했잖아."

나는 약속한 건 지킨다고. 질 게 뻔했지만 그렇다고 안 하겠다고 비겁하게 굴긴 싫었어. 청개구리가 고개를 갸웃하며 나를 빤히 보더니 말했어.

"저 빨간 열매 달린 나뭇가지 보이지? 뛰어서 저 열매를 따면 이기는 거다."

나는 고개를 끄덕였어. 지더라도 한번 해보는 거지 뭐. 혹시 알아? 원숭이도 나무에서 떨어질 때가 있다잖아. 청개구리가 엉덩방아라도 찧으면 좋겠어.

"내가 먼저 할게. 잘 봐."

나는 앉았다 일어났다 준비 운동까지 하고 온 힘을 다해 폴짝 뛰었어. 저 열매가 꽈리피리라고 생각하고 말이야.

쿵! 엉덩방아만 찧은 것은 청개구리가 아니라 바로 나였어. 빨간 열매는 얄밉게도 그 자리에 대롱대롱 매달려 있었어. 메롱메롱 놀리는 것처럼 말이야.

청개구리는 깔깔깔 웃었어. 그러더니 폴짝 뛰어서 아주 쉽게 빨

간 열매를 땄어. 해보나 마나 청개구리한테 유리한 게임이었어.

청개구리는 폴짝폴짝 뛰며 노래했어. 신나게 놀고 나니 청개구리 화가 풀렸나 봐. 다행이야. 하지만 나는 힘이 빠졌어. 게임도 지고 꽈리피리도 못 얻었으니까. 아쉽기는 했지만 이상하게도 화가 나지 않았어.

"넌 화낼 때보다 이렇게 신나게 뛸 때가 훨씬 멋져."

나는 인사를 하고 막내 개미를 잡아끌었어. 빨리 돌아가고 싶었

거든.

막내 개미는 나보다 더 아쉬워하며 차마 발을 떼지 못했어. 나는 막내 개미를 더 세게 잡아끌었어.

"잠깐."

청개구리가 갑자기 우리를 불렀어.

"왜?"

막내 개미가 잔뜩 기대에 찬 얼굴로 물었어.

"꽈리피리 있는 곳에 데려다 줄게."

"난 게임도 다 졌는데 왜?"

"너랑 게임하는 거 정말 재미있었어. 너한테 다 불리한 게임이 었는데도 넌 진심으로 하더라. 어쩌면 네가 막내 개미를 도와줬다는 게 사실일지도 모르겠다는 생각이 들었어."

"그건 정말이야. 난 거짓말 안 한다니까."

막내 개미가 톡 끼어들었어.

"난 사람은 도와주기 싫어. 그런데 너는 도와주고 싶어."

청개구리가 앞장 섰어.

내가 어리둥절해서 가만히 서 있자, 막내 개미가 내 등을 떠밀었어.

"안 갈 거냐? 빨리 와. 빨리!"

청개구리가 돌아보며 재촉하더니 달리기 시작했어. 고맙고 미안했어. 나도 질세라 청개구리를 따라 달렸어.

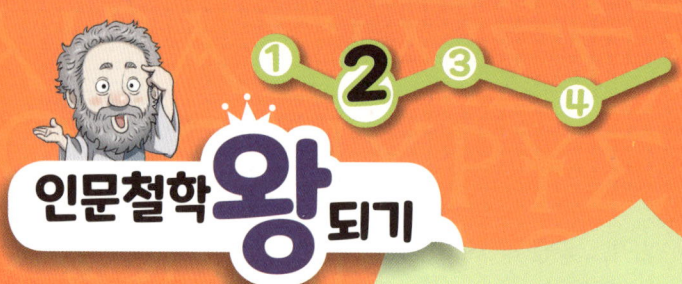

인문철학 왕 되기

동물에게도 생명권이 있을까?

동물 병원에 가본 적 있나요?
아파서 신음 소리를 내는
강아지를 볼 수 있고, 기운 없이
엎드려만 있는 고양이를 볼 수 있어요.
모두 고통으로 힘들어하죠.
생명이 있기 때문이에요.

투명한 유리 상자 같은 고층 빌딩은 사람에게는 멋지지만 하늘을 날던 무당벌레는 투명한 벽에 부딪쳐서 죽어.

인간은 자신들이 편리하게 살기 위해 지구의 다른 생물들에게 해를 끼치고 있어.

도시는 휘황찬란한 불빛으로 아름다워. 하지만 어두워야 하는 밤에도 인공 불빛 때문에 풀벌레들이 밤낮을 구분하지 못하고 울어.

초록색 잔디가 깔린 골프장은 보기에는 좋아 보이지만 잡초가 자라지 않게 하려고 엄청난 살충제를 뿌리고 있대. 그럼 그 살충제는 다 어디로 스며드는 걸까?

결국 그 피해는 인간들에게 돌아오겠지.

그 당연한 게 지켜지지 않아서 이렇게 동물권을 선언한 거래.

모든 생명이 자유롭고 안전해야 하는 건 당연한 거 아냐?

소쌤의 TIP

동물에게도 생명권이 있어요. 바로 동물권이에요.

사람들은 식량을 얻기 위해서 동물을 죽이기도 하고 어떤 제품을 만들거나 치료제를 만들기 위해 동물 실험을 하기도 합니다. 사람들은 동물을 이용하는 걸 당연하게 생각해요. 동물권은 동물들이 고통받거나 학대받지 않을 권리를 말합니다. 동물들도 인권 못지않은 생명권이 있다는 뜻이죠.

동물권을 주장한 피터 싱어

피터 싱어는 '동물도 지적·감각 능력을 지니고 있으므로 보호받기 위한 도덕적 권리를 가진다.'며 동물권을 주장했어. '사람이나 동물처럼 고통을 느끼는 존재에게 함부로 대해서는 안 된다.'고 했지.

동물도 적절한 서식 환경에 맞춰 살아갈 수 있어야 하며, 인간이 필요로 하냐, 아니냐에 따라 동물의 가치가 결정되지 않는다고 했어.

피터 싱어의 노력으로 인해 독일은 '국가는 미래 세대의 관점에서 생명의 자연적 기반과 동물을 보호할 책임을 가진다.'며 2002년 세계 최초로 헌법에 동물권을 명시했단다.

인간이 동물과 더불어 살아가기 위해서는 네 가지 권리가 지켜져야 해. 먹거나, 가두거나, 폭행과 같은 고문을 가하거나 상업화해서는 안 되지.

> 피터 싱어
> 미국 프린스턴대 생명윤리학과 교수로 1975년 『동물해방』이라는 책을 쓰면서 세상에 동물권을 알렸어요.

동물과 함께

초롱아, 미안해!

"여기 왜 사람이 있는 거냐?"

대장 개가 으르렁거리며 내 앞으로 한발 다가왔어.

"얘는 철이야."

막내 개미가 내 앞으로 나서며 얼른 대답했어.

대장 개는 다리가 아픈지 걸을 때마다 얼굴을 찌푸렸어. 커다란 빗자루를 목발처럼 짚고 있었지만 몸이 한쪽으로 자꾸 기울어졌어. 나를 빙 둘러싸고 있던 다른 개들도 대장 개를 따라 내 앞으로 더 다가왔어. 모두 빗자루나 막대 걸레 같은 걸 꼭 쥐고 말이야.

"내가 초대했어."

"너 제정신이냐? 여기로 사람을 불러들이다니!"

대장 개는 막내 개미에게 화를 냈어.

"내가 철이한테 신세를 졌거든. 은혜는 꼭 갚아야 하잖아. 얘는 꽈리피리가 필요해. 꽈리피리를 빌려 줘!"

"흥! 사람들은 뭐든 돈으로 사지. 강아지도 사고, 고양이도 사고. 그런데 꽈리피리는 왜 사지 않고 빌려달라는 거냐?"

"난 돈이 없어."

내가 솔직히 말했어. 대장 개는 여전히 으르렁거리며 차갑게 말했어.

"돈이 있어도 못 사. 꽈리피리는 사고파는 게 아니야. **인간들은 생명도 사고, 귀찮으면 내다 버리고 다 제 멋대로지만 세상엔 사고팔아서는 안 되는 게 있어.** 강아지를 돈으로 사고파는 인간들, 생각만 해도 화가 나. 그런데 더 화가 나는 게 뭔지 아냐? 얘네들을 좀 봐라. 아직도 같이 살던 사람들을 그리워해. 귀엽다고 제 맘대로 살 때는 언제고, 병들었다고, 털이 빠진다고 말도 안 되는 이유로 자기를 버린 사람들을 말이야."

그러고 보니 다른 개들도 어딘가 불편해 보였어. 다리를 절룩이거나 꼬리가 잘리거나 심지어 불에 뎄는지 털이 뭉텅이로 뽑힌 강아지도 있었어.

갑자기 한 강아지가 울음을 터뜨렸어.

"선우, 보고 싶다아."

엉덩이 털이 뭉텅이로 뽑힌 강아지였어.

"얘는 선우네가 여름 휴가 가서 바닷가에 버렸대. 그런데도 맨날 그 집 꼬마가 보고 싶다고 울어."

대장 개가 눈물을 닦아 주며 말했어.

얼마나 보고 싶으면 자기를 버린 사람을 생각하며 울까?

막내 개미도 청개구리도 코를 훌쩍였어. 나도 모르게 그 강아지 손을 잡았어. 그러자 그 강아지가 나를 덥석 끌어안지 뭐야.

"선우야!"

"어, 어, 난 선우가 아니야."

"알아. 그냥 잠깐만 안고 있으면 안 돼? 선우랑 안고 있을 때 정말 좋았거든. 선우 냄새 맡고 싶다."

나는 엉거주춤 서 있다가 그 강아지를 조심조심 안았어. 나도

강아지랑 안고 있으니까 따뜻하고 기분이 좋아졌어. 강아지한테서 나는 냄새도 기분 좋게 느껴졌어.

  강아지가 한참 만에 나를 놓아주며 인사했어.

  "난 초롱이야."

  초롱이는 눈물이 맺힌 눈도 초롱초롱 예뻤어.

  "초롱아, 넌 눈이 엄청 예뻐. 초롱초롱해. 울지 말고 웃어."

  "하하, 그래, 울지 말고 웃어."

  막내 개미가 초롱이 얼굴에 남은 눈물을 닦아 주며 웃었어. 막내 개미 얼굴에도 눈물 자국이 남았어.

  "그런데 엉덩이 털은 왜 그런 거야?"

  청개구리가 궁금한 걸 못 참고 물었어.

"선우네 찾으러 다니다가 어떤 아저씨들을 만났어. 그런데 갑자기 내 엉덩이에 나쁜 짓을 했어. 그때 정말 죽는 줄 알았어."

초롱이는 아직도 무서운지 몸을 벌벌 떨었어.

생각만 해도 끔찍했어. 나는 초롱이를 다시 꼭 안았어.

"정말 무서웠겠다."

"응, 고마워."

초롱이가 웃더니, 바닥에 있던 빗자루를 다시 집어 들었어.

"어, 설마 나를 때리려고?"

"아니. 우린 대청소 중이었어."

그러고 보니 마당에 잡동사니가 꺼내져 있었어. 온갖 청소 도구도 잔뜩 있었고.

나는 빗자루를 들고 마당을 쓸었어. 막내 개미랑 청개구리도 빗자루를 들었어. 초롱이도 내 옆에서 나란히 마당을 쓸었어.

우린 초롱이 방도 같이 정리했어. 함께 하니까 방청소도 금방 끝났어. 초롱이는 기분이 좋은지 노래를 흥얼흥얼

불렀어. 듣고 있으면 기분이 좋아지는 노래였어.

"초롱아, 넌 목소리도 귀엽고 초롱초롱해."

내 칭찬이 좋은지 초롱이는 더 크게 노래를 불렀어.

깨끗이 정리하고 나니 뭔가 큰일을 한 것처럼 뿌듯했어. 책이 와르르 쏟아져 엉망이 된 내 방이 생각났어. 치우고 나올 걸 그랬나?

"꽈리피리가 있으면 어떤 소원을 빌 거야?"

초롱이가 초롱초롱한 눈을 반짝이며 물었어.

"그야, 동생……."

"동생 갖게 해 달라고? 선우는 진짜 귀여운 동생이었는데. 내 꼬리를 잡아당기고 귀찮게도 했지만, 같이 있으면 참 재미있었어."

초롱이가 또 울까 봐 나는 얼른 딴청을 부렸어.

"너희 대장이 나한테 꽈리피리를 줄 리 없잖아. 다 틀렸어."

언제 왔는지 대장 개가 방 문 앞에서 팔짱을 낀 채 우리를 보고 있었어.

"진짜 안 줄 거야? 청소도 도와줬는데?"

막내 개미가 웃으며 슬쩍 떼를 썼어.

"응, 안 줄 거다. 아니, 못 줘. 지금은 나한테 없으니까."

"뭐야? 그럼 누구한테 있어?"

궁금한 건 못 참는 청개구리가 물었어.

"가르쳐 주기 싫다. 난 사람이 싫다."

그때 초롱이가 울먹이며 말했어.

"대장, 나 오늘 정말 행복했어. 철이랑 같이 청소하니까 꼭 선우랑 놀던 때처럼 기분이 좋았어. 철이한테 알려 주면 안 돼?"

초롱이를 보자 대장도 마음이 약해지는 것 같았어. 대장이 눈을 또록또록 굴리며 생각하더니 나를 가리키며 말했어.

"너, 초롱이한테 고맙다고 해라."

"와, 잘됐다!"

초롱이가 나를 와락 끌어안았어. 나도 초롱이를 안고 속삭였어.

"초롱아, 고마워. 오늘 나도 정말 재미있었어."

대장 개가 숲속으로 들어가며 외쳤어.

"얼른 따라 와라. 마음 바뀌기 전에."

막내 개미랑 청개구리가 내 손을 잡아끌었어.

나는 주머니 속에 있던 빨대 팬 플루트를 초롱이한테 주었어.

"심심할 때 이거 불어. 내가 만든 거야."

초롱이가 코를 쿵쿵거리며 팬 플루트 냄새를 맡았어.

"여기서 철이 냄새가 나. 아주 좋은 냄새야."

초롱이가 부는 팬 플루트 소리가 오래오래 우리를 따라왔어. 막내 개미랑 청개구리는 그 소리에 맞춰 폴짝폴짝 춤을 추며 걸었어. 초롱이가 행복한 노래를 많이 부르면 좋겠어. 그리고 초롱이도 다른 강아지들도 마음이 아프지 않으면 좋겠어.

우리 반 형우는 돈으로 살 수 없는 것들이 훨씬 많다는 걸 알까? 학교에 가면 형우한테 말해 줘야겠어.

나는 초롱이를 한 번 더 보고 싶어서 뒤를 돌아보았어. 그런데 또 뭔가가 샤샤삭 나무 뒤로 숨는 거야.

나는 막내 개미랑 청개구리를 부르려다 말았어. 막내 개미랑 청개구리는 또 바람이라는 둥, 괴물이라는 둥 하면서 나를 겁쟁이라고 놀릴 테니까. 나는 막내 개미를 따라잡으려고 힘껏 달렸어.

동물도 생명이니 사람과 똑같이 대하라고요?

동물도 생명이니 존중하고, 아프지 않게 하라고 해요. 그런데 사람은 왜 동물을 길러 잡아먹는 걸까요?

 동물을 그 자체로 존중해 주라는데 동물이 어떻게 사람과 똑같아?

 동물을 존중하라는 말은 사람과 똑같이 대하라는 말일까?

 좀 이상해요. 먹기 위해 동물을 기르는데 동물을 위하려면 안 먹어야 하잖아요.

 그럼 우리가 동물을 어떻게 대해야 하는지 간단히 써 볼까?

 아무리 먹기 위해 길러도 움직이기 힘든 곳에 가두는 건 아닌 것 같아요. 닭이나 소가 얼마나 답답하겠어요.

 난 동물을 좋아하지만 안 먹을 수는 없어. 내가 치킨을 얼마나 좋아하는데.

동물을 보호하기 위해 채식만 해야 할까요?

....

....

....

동물 복지가 뭘까요?

복지라는 말은 여러 곳에서 사용해. 아동 복지, 노인 복지, 장애인 복지와 같은 말들을 들어 본 적 있지? 언제부터 이 '복지'라는 말을 동물에게도 사용하고 있어.

식용으로 기르는 소, 돼지, 닭 같은 가축도 좁고, 지저분한 환경에서 자라지 않고 깨끗한 곳에서 충분한 먹이를 먹으며 알맞은 대우와 보호를 받을 권리가 있어. 하지만 우리나라에서 '동물 복지'라는 말은 동물들의 '삶'을 행복하게 하려는 게 아니라 사육 및 도축 환경을 나아지게 하는 데에만 그친다는 한계가 있지.

'동물 복지'란?

동물이 배고픔이나 질병 따위에 시달리지 않고 사는 날까지 행복하게 살아갈 수 있도록 만든, 나라의 정책이나 시설을 말해요.

동물에게 주어져야 하는
다섯 가지 자유

1 굶주림과 갈증으로부터의 자유

2 불편함으로부터의 자유

3 부상과 질병으로부터의 자유

4 정상적인 활동을 할 자유

5 공포와 걱정으로부터의 자유

내 소원은

대장 개는 점점 더 깊은 숲속으로 들어갔어. 숲이 울창해서 하늘이 보이지 않을 정도였어. 청개구리랑 막내 개미는 잘만 걷는데 나는 겨우 따라갔어. 다리도 아프고 목도 마르고, 땀도 나서 엉망이었어. 좀 쉬었다 가자고 말하려는데 대장 개가 커다란 나무 위를 가리켰어. **나무 위에 바나나 모양 집이 있었어.**

"와, 멋지다. 누구 집이야?"

"네가 직접 물어봐라."

대장 개가 나무 밑동을 가리켰어. 기다란 밧줄이 바나나 집에서부터 늘어뜨려져 있었어.

내 발 밑에 커다란 그물이 숨겨져 있었나 봐. 나를 가둔 그물은 바나나 집 대문 앞에 턱 멈추었어. 나는 그물에 갇힌 채 나무에 대

롱대롱 매달렸어.

밧줄을 잡아당기자, 밧줄 꼭대기에 묶여 있던 야자 껍데기가 집 벽에 똑똑똑 부딪혔어. 재미있는 초인종이었어. 나는 잡아당기고 또 잡아당겼어.

똑똑똑똑, 똑똑똑!

창문이 빼꼼히 열리더니 다시 탁 닫혔어. 그와 동시에 내 몸이 하늘로 슝 올라갔어.

"으악! 살려 줘!"

막내 개미랑 청개구리가 발을 동동 굴렀어.

대장 개만 피식 웃더니 말했어.

"걱정 마라. 잡아먹지 않을 테니. 사람은 맛이 없다."

구해 줄 생각은 안 하고 농담이나 하는 대장 개가 얄미웠지만 아쉬운 건 나였어.

"나 좀 살려 줘, 제발! 높은 데는 무섭단 말이야."

아래를 보니 아찔했어. 머리가 어질어질하고 속도 울렁거렸어.

그때 바나나 집 대문이 살짝 열리더니 원숭이가 얼굴을 빼꼼 내밀었어.

"너, 누구를 잡으려고 온 거야?"

"아냐, 아냐. 누구 잡으러 온 거 아니야."

온몸이 그물에 꽁꽁 갇혀서 손을 내저을 수도 없었어.

"그만하면 인사는 한 거 같구나."

대장 개가 그제야 나섰어.

"어, 안녕하세요?"

대장 개에게 인사를 한 원숭이는 집 안으로 다시 쏙 들어가 버렸어.

슈웅! 그물이 다시 아래로 떨어졌어. 이대로 추락했다가는 온몸의 뼈가 다 부러질 거야. 하지만 다행히 땅바닥에 부딪히기 바로 전에 턱 멈추었어. 그러더니 촤아악 그물이 펼쳐졌어. 나는 허겁지겁 기어 나와 토하고 말았어.

우웩! 청개구리는 코를 싸쥐었지만 막내 개미는 내 등을 두드려 주었어.

그때 바나나 집에서 줄 사다리가 스르륵 내려왔어.

"얼른 잡고 올라가지 않고 뭐 하는 거냐?"

대장 개가 다그쳤어.

저기를 또 올라가라고? 나는 높은 데가 정말 무서워. 꽈리피리고 뭐고 그만하고 싶었어.

원숭이가 대장 개를 내려다보며 말했어.

"엄마는 안 계세요. 동생도 아프고요."

"왜 그 말을 이제야 하는 거냐."

대장 개가 성큼성큼 줄사다리를 올라갔어.

막내 개미가 아기 원숭이를 걱정하며 따라 올라갔어.

"난 이런 줄사다리 재미있어."

청개구리가 사다리 위로 폴짝 뛰어올랐어.

나만 남았어. 높은 데 올라가기는 정말 싫어. 그런데 혼자 있기도 싫었어. 바람이 휘이잉 불자 나뭇잎이 서로 부딪히며 으스스한 소리를 냈어. 보이지는 않지만 뭔가 샤샤삭 다가오는 것 같았어. 겁이 덜컥 났어. 눈을 질끈 감고 사다리 위로 발을 올렸어. 어떻게 올라왔는지 모르겠어. 바나나 집

에 들어갔을 때는 다리가 후들거려서 바닥에 털썩 주저앉고 말았어.

"어제부터 계속 열이 나요. 아까부터 저렇게 딸꾹질도 하고요."

동생 원숭이는 딸꾹딸꾹 딸꾹질을 하며 힘들어했어.

"엄마는 어디 가신 거냐?"

대장 개가 묻자 동생 원숭이가 으앙 울음을 터뜨렸어. 오빠 원숭이가 동생을 토닥이며 대답했어.

"어제 동생이 사람들 마을에 갔었어요. 엄마가 절대로 가지 말라고 했는데……."

대장 개가 놀라며 물었어.

"사람들을 만난 게냐?"

오빠 원숭이가 나를 흘끗 보더니 고개를 끄덕였어.

"다행히 엄마가 동생 없어진 걸 빨리 알아채고 금방 찾았어요. 그런데 이미 사냥꾼들이 동생을 쫓고 있었어요."

"정말 놀랐겠구나. 너희 엄만 동물원에 잡혀간 적이 있어서 사람 무서운 걸 잘 안다."

"엄마가 말해 줬어요. 동물원에 잡혀가면 평생 우리에 갇혀 답답하게 살아야 한다고요. 돌멩이를 던져서 다치게 하는 사람도 있고, 먹으면 안 되는 걸 줘서 죽게도 한다고요. 엄마도 독이 든 사과를 먹었다가 죽을 뻔했대요."

"그래도 너희 엄마는 운이 좋았지. 동물원이 문을 닫는 바람에 동물들을 팔았다더라. 너희 엄마를 산 사람이 다시 숲으로 돌려보내 주었다니 말이다."

막내 개미가 나를 곁눈질로 보며 말했어.

"다시 돌려 보내 주는 사람도 있다니 착한 사람도 있기는 하네."

청개구리가 톡 끼어들었어.

"그런데 엄마는 어디 계신 거냐?"

"몰라요. 엄마가 사냥꾼들을 유인하는 동안 나는 동생 데리고 집으로 왔거든요. 엄마가 금방 온다고 했는데……."

동생 원숭이는 엄마를 부르면서 엉엉 울었어. 딸꾹질은 점점 더 심해졌어.

"큰일이다. 아기를 키워 본 적이 없으니 어떻게 하는지……."

당당하기만 하던 대장 개가 어쩔 줄 몰라 쩔쩔맸어.

나는 산이가 우유 먹고 딸꾹질할 때 엄마가 어떻게 했는지 떠올려 봤어. 나는 동생 원숭이에게 다가가 두 귓속에 손가락을 넣고 가만히 눌렀어. 그러자 정말 신기하게도 딸꾹질이 멈추었어.

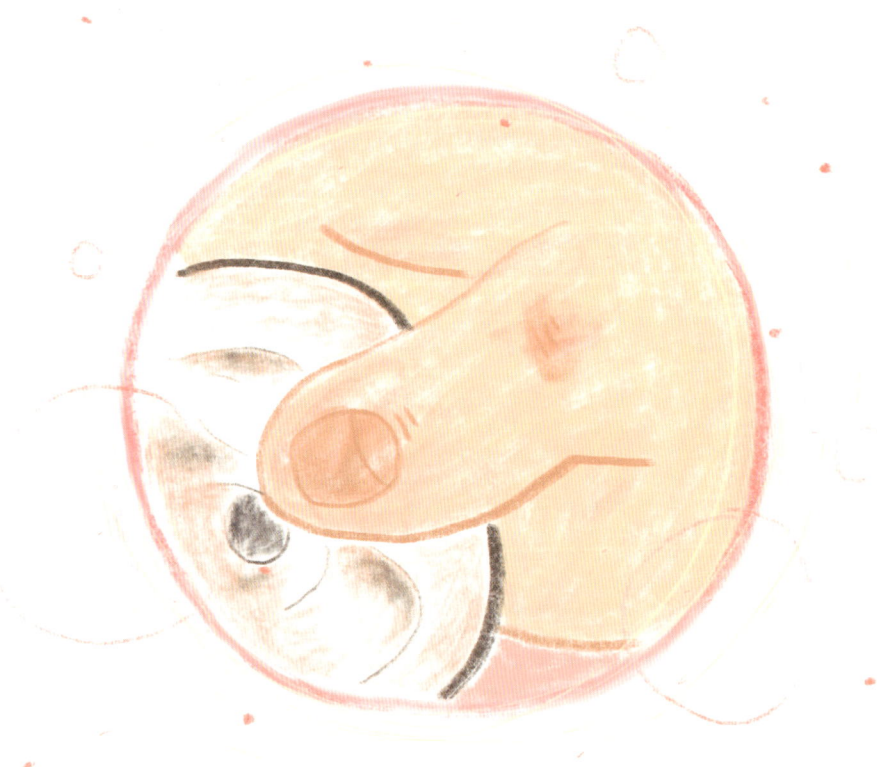

"와!"

막내 개미가 제법이라는 듯 내 등을 두드렸어.

하지만 동생 원숭이는 여전히 불덩이같이 뜨거웠어. 이렇게 열이 많이 나는 건 위험한 거라고 했는데. 산이 열날 때 엄마가 어떻게 했는지 생각해 보았어. 나는 얼른 물수건을 가져와 동생 원숭이를 닦아 주기 시작했어.

막내 개미도, 청개구리도, 대장 개도 물수건을 들고 모여들었어. 내가 딸꾹질을 멈추게 했더니 믿음이 생겼나 봐. 오빠 원숭이는 옆에서 열심히 물수건을 다시 빨아왔어. 그렇게 한참을 했더니 정말 열이 내리고 동생 원숭이는 스르륵 잠이 들었어.

대장 개가 수고했다는 듯이 내 어깨를 툭 쳤어. 쑥스러웠지만 기분은 좋았어.

"미안해요. 아까 그물에 가둔 거. 이게 작아도 엄청 달아요."

오빠 원숭이가 손가락만큼 작은 바나나 한 개를 내밀었어.

나는 바나나를 받아 주머니에 넣었어.

"괜찮아. 어제 사람들 때문에 놀란 걸 생각하면 나한테 그럴 만도 하지 뭐."

"그런데 우리 집엔 왜 온 거예요?"

오빠 원숭이가 물었어. 모두 꽈리피리는 까맣게 잊고 있었지 뭐야. 막내 개미가 얼른 대답했어.

"그야 꽈리피리를 빌리러 왔지."

오빠 원숭이는 부엌으로 가더니 빨간 열매를 가져왔어.

"이건 평생 한 번밖에 못 써요. 그건 알고 있지요?"

나는 고개를 가로저었어.

오빠 원숭이가 놀란 눈으로 물었어.

"몰랐어요? 그럼 이건 자기 자신이나 가족을 위해서는 못 쓴다는 것도 모르겠네요?"

나보다 막내 개미가 더 울상이 되었어.

"정말? 나는 무슨 소원이든 다 들어주는 줄 알았어."

대장 개가 오빠 원숭이 말이 맞다는 듯이 고개를 끄덕였어.

나를 위해서 못 쓰면 소원을 들어주는 꽈리피리가 무슨 소용이람. 나는 너무 속이 상했어. 그런데 그때 밖에서 우지끈 나뭇가지 부러지는 소리가 들렸어. 누군가 외쳤어.

"꽈리피리는 내가 가져가겠다!"

청개구리가 창밖을 살피더니 다급하게 말했어.

"늑대다! 늑대!"

늑대 한 무리가 바나나 집이 있는 나무 주위를 빙글빙글 돌고 있었어.

"거봐. 괴물이 아니라 누가 우릴 따라온다고 했잖아."

청개구리랑 막내 개미는 괴물을 본 것보다 더 무서운지 덜덜 떨었어.

대장 개가 우렁차게 외쳤어.

"썩 물러가라! 이 꽈리피리는 숲속의 평화를 지키는 자만 쓸 수 있다."

대장 늑대는 눈도 깜짝하지 않았어.

"평화? 내 말만 잘 들으면 평화는 저절로 와. 꽈리피리를 얼른 내놔라!"

대장 개가 대장 늑대에게 야자열매를 집어 던졌어.

그러자 대장 늑대가 우우우 신호를 보냈어. 늑대들이 줄사다리 위로 올라오기 시작했어. 대장 개는 당장 도끼를 꺼내 와 줄사다리를 잘라 버렸어. 늑대들은 엉덩방아를 찧으며 굴러떨어졌지만 포기하지 않았어. 탑을 쌓듯이 서로를 밟고 나무를 타면서 올라오

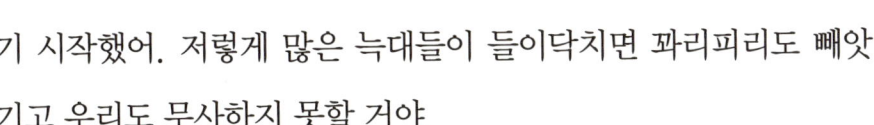

기 시작했어. 저렇게 많은 늑대들이 들이닥치면 꽈리피리도 빼앗기고 우리도 무사하지 못할 거야.

놀란 동생 원숭이가 깨서 울기 시작했어. 오빠 원숭이가 얼른 동생을 감싸 안았어. 늑대들은 점점 다가오는데 모두 어떻게 해야 할지 몰라 우왕좌왕했어.

나는 꽈리피리를 두 손으로 꼭 쥐고 소원을 빌며 힘차게 불었어. 빼앗기기 전에 써먹어야 하잖아.

삐릿삐릿! 맑고 예쁜 소리가 울려 퍼졌어. 그러자 커다란 원숭이 한 마리가 짠 하고 나타났어.

"엄마!"

동생 원숭이랑 오빠 원숭이가 달려가 품에 안겼어. 꽈리피리가 내 소원을 들어준 거야. 엄마 원숭이는 아기 원숭이들을 꼭 안아 주고, 창밖을 보며 외쳤어.

"누가 남의 집에서 이렇게 소란을 피우는 거야?"

그러더니 창고에서 야자열매 자루를 가져왔어.

우리는 늑대들에게 야자열매를 마구 던졌어. 우당탕 쿵탕! 야자열매를 맞은 늑대들이 굴러떨어지며 비명을 질렀어. 하지만 늑대들은 포기하지 않고 다시 올라오려고 했어.

"대장 늑대를 그물 쪽으로 몰아요."

내 말에 엄마 원숭이가 좋은 생각이라며 내 등을 찰싹 때렸어. 손힘이 어찌나 센지 휘청 넘어질 뻔했지만 기분은 좋았어. 우리는 대장 늑대를 향해 야자열매를 던졌어. 대장 늑대는 정신없이 쏟아지는 야자를 피해 그물 위로 올라갔어.

"지금이야!"

내가 신호를 보내자 오빠 원숭이가 그물 덫을 작동시켰어.

철컥! 슝! 그물은 대장 늑대를 꼼짝 못하게 가둔 채 나무 위로 올라왔어. 나무에 대롱대롱 매달린 대장 늑대가 발버둥을 쳤지만 소용없었어. 그럴수록 그물이 점점 더 몸을 죄었거든.

"이거 당장 풀어! 안 그럼 너희들 다 가만 안 둘 거야!"

대장 늑대가 고래고래 소리를 질렀어.

엄마 원숭이가 두 팔을 허리에 척 올리며 말했어.

"우린 평화를 사랑해. 다시는 안 오겠다고 약속하면 풀어 줄 거야. 하지만 안 그럼 평생 나무에 매달려 살아야 할 걸."

나무 밑에서 늑대들이 우우우 울부짖었어. 대장 명령이 떨어지기만 기다리면서 말이야.

나는 얼른 도끼를 들고 늑대들을 내려다보며 외쳤어.

"너희들도 꼼짝 마. 한 발짝만 더 다가오면 그물을 잘라 버릴 거야. 여기서 떨어졌다간 다시 못 일어난다고. 너희 대장이 그렇게 되기를 바라는 거야?"

늑대들이 주춤주춤 뒤로 물러섰어.

나는 속으로 깜짝 놀랐어. 내가 이렇게 높은 곳에 아무렇지도 않게 서 있다니. 아무튼 지금은 다리가 덜덜 떨리지도 않고, 심장이 벌렁거리지도 않았어. 토할 것 같지도 않고 말이야. 나는 신이 나서 도끼를 휙휙 휘둘러 봤어. 그러다 그만 그물 한 가닥이 탁 끊어졌어.

"안 돼!"

대장 늑대와 다른 늑대들이 동시에 비명을 질렀어.

"알았어. 다시는 안 올게. 약속해!"

대장 늑대가 간절한 얼굴로 나를 봤어.

"너희들 먼저 숲으로 돌아가."

엄마 원숭이 말에 늑대들이 우르르 숲으로 도망쳤어. 엄마 원숭이가 그물을 내려 주자 대장 늑대는 뒤도 돌아보지 않고 달아났어. 온갖 악담을 다 퍼부었지만 말이야.

우리는 서로 얼싸안고 껑충껑충 뛰었어. 정말 자랑스러웠어.

나는 꽈리피리를 엄마 원숭이에게 돌려주었어.

"이거 정말 굉장해요. 소원을 바로 들어주네요."

엄마 원숭이가 내 손을 꼭 잡았어.

"네가 나를 불러 줬구나. 고맙다. 정말 고마워."

막내 개미가 머리를 긁적이며 말했어.

"난 은혜를 갚으려고 너를 부른 건데, 여기 와서 고생만 하네. 소원도 못 이루고. 어떡하냐?"

"아냐. 정말 재미있었어. 그런데 이제 가야겠다."

엄마한테 안겨 있는 원숭이 남매를 보니 나도 엄마가 보고 싶어졌어. 울보괴물 산이까지도 보고 싶어지려고 했어.

"이런, 집 주변이 엉망이 되었네. 청소라면 내가 누구보다 자신 있다."

대장 개가 빗자루를 들었어. 청개구리도 대장 개와 함께 원숭이네 집 정리를 돕겠다며 빗자루를 들었어.

대장 개와 청개구리는 나를 꼭 안아 주었어. 대장 개의 품이 참 따뜻했어.

원숭이 가족은 자꾸 내 주머니에 바나나를 집어넣었어. 나는 손가락만 한 바나나를 딱 한 개만 더 받았어.

"안녕, 다음에 또 불러 줘!"

나는 씩씩하게 인사를 했어.

돌아가려니 바나나 집에서 내려가는 게 문제였어. 엄마 원숭이가 새 줄사다리를 내려 주었지만 이렇게 높은 곳에서 사다리를 타고 내려가야 한다고 생각하니 다시 다리가 후들거렸어.

먼저 내려간 막내 개미가 빨리 오라며 재촉했어.

나는 숨을 한번 크게 쉬고 줄사다리를 꽉 잡았어. 한발 한발 내딛는 발이 왠지 떨리지 않았어. 늑대를 물리치고 나니까 내가 조금 용감해졌나 봐. 막내 개미만큼 빨리 내려가지는 못했지만 무사히 땅으로 내려왔어.

드디어 개미네 거꾸로놀이터에 도착했어.

"막내 개미야, 불러 줘서 고마워."

나는 가장 높은 미끄럼틀 위로 성큼성큼 올라갔어.

막내 개미가 웃으며 손을 흔들었어. 나도 손을 힘껏 흔들어 주고 미끄럼틀 통 안으로 성큼 뛰어들었어. 이번에는 하나도 무섭지 않았어. 빙글빙글 파도처럼 출렁이던 미끄럼틀이 나를 숲 밖으로

내놓았어.

"철아, 비 오는데 얼른 안 들어오고 뭐 해?"

나를 일으켜 준 건 진짜 우리 엄마였어. 나는 엄마 손을 꼭 잡고 집으로 갔어.

문을 열자, 요란한 박수와 생일 축하 노래가 쏟아졌어. 놀이터에는 한 명도 없던 친구들이 집에 다 모여 있었어.

할머니가 수수팥떡으로 만든 케이크를 나눠 주며 말했어.

"네 엄마가 깜짝 생일 파티 한다고 얼마나 입단속을 하는지, 말하고 싶어서 혼났구먼."

떡볶이랑 피자는 친구들하고 같이 먹는 게 최고야. 배가 부르자 다들 몸이 근질근질했어. 마침 비도 그쳤고 말이야.

"엄마, 우리 놀이터 가서 놀아도 돼? 여기서 시끄럽게 하면 울보 강산 또 깨서 울잖아."

"어이구, 우리 아들, 동생 생각하는 것 좀 보게. 잘 다녀와. 참, 아까 뉴스 보니 원숭이 밀렵꾼들이 경찰에 잡혔다더라. 그런데 원숭이 한 마리가 탈출했대. 아직 못 찾았다는데 공원 깊숙이는 가지 마. 여기서 가까운 곳에서 놓쳤다니까."

"네!"

친구들이 합창하듯 대답을 하더니 우르르 밖으로 몰려나갔어.

나도 친구들을 따라 나가려다 엄마한테 말했어.

"엄마, 원숭이 안 위험해. 원숭이 잡아가는 사람들이 더 위험하지."

우리는 거꾸로놀이터로 몰려갔어. 친구들과 함께 미끄럼틀도 타고, 달리기도 하고, 숨바꼭질도 했어. 낱말 거꾸로 말하기는 내가 일 등을 했어. 어디선가 개굴개굴, 굴개굴개, 개구리 우는 소리가 들린 것 같았어.

해가 지기 전에 집으로 돌아왔어. 집은 조용했어. 할머니도, 엄마도, 아빠도, 강산도 모두 쿨쿨 잠이 들었

더라고. 생일 파티 때문에 힘들었나 봐. 어느새 내 방도 깨끗이 정리가 돼 있었어. 내 방 정리는 내가 하려고 했는데…….

현관에 울보 강산 똥 기저귀가 가득 담긴 쓰레기봉투가 놓여 있었어. 나는 쓰레기봉투를 들고 분리수거장으로 갔어. 쓰레기를 버리고 나오는데 어디선가 야옹! 고양이 우는 소리가 들렸어. 분리수거장 뒤에서 아기 고양이가 나를 빤히 보고 있었어. 나는 고양이 옆에 쪼그리고 앉았어.

야옹, 야아옹! 고양이가 자꾸 울었어.

"배고파?"

아, 맞다. 바나나! 나는 주머니 속 바나나를 까서 고양이에게 내밀었어. 고양이는 원래 바나나 같은 건 안 먹는데 이 고양이는 킁킁 냄새를 맡더니 한 입 앙 하고 베어 먹었어. 성의를 봐서 먹어 준다는 듯이 말이야. 그러더니 바나나를 물고 풀숲으로 폴짝폴짝 뛰어갔어. 고양이가 길에서도 잘 살았으면 좋겠어. 길고양이들은 뭘 먹는지 민서한테 물어봐야지.

나는 나머지 바나나 한 개를 껍질을 벗겨서 입속에 넣었어. 크기는 엄청 작았지만 맛은 우주 최강이었어. 어느 집에선가 피리 소리가 들렸어. 초롱이도 팬 플루트를 잘 불고 있을까? 나는 집으

로 달려갔어. 책상 서랍엔 아직 빨대가 많거든. 이번에 만든 팬 플루트는 누구를 줄까?

인문철학 왕 되기 ❹

만일 나라면?

생명을 소중히 여기고 동물권을 지키는 일은 어려운 일이 아니에요. 스스로 할 수 있는 작은 일부터 실천하기로 해요.

 내가 실천할 수 있는 일에 (v) 해 보세요.

동물원에 가능한 가지 않겠다.
(   )

동물들이 하는 쇼를 보지 않겠다.
(   )

음식을 남기지 않겠다.
(   )

바다 동물들을 위해 일회용품과 플라스틱 사용을 줄이겠다.
(   )

숲속 동물들을 위해 나무를 심겠다.
(   )

창의활동

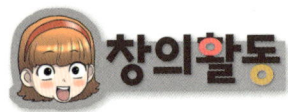

포스터를 만들어 볼까요?

함께 살아가는 동물들을 위해 많은 단체들이 캠페인을 해요. 포스터 예시를 보고 여러분만의 동물 실험 반대 캠페인 포스터를 그려 보아요.

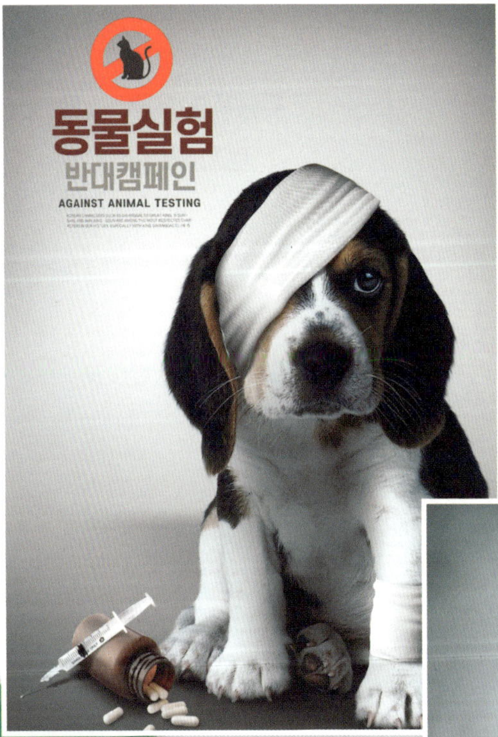

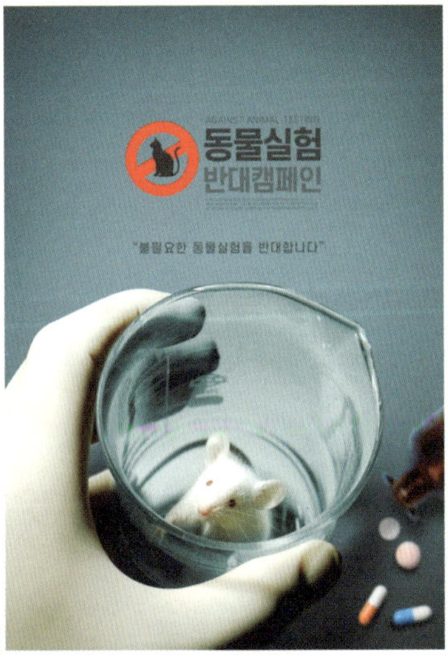

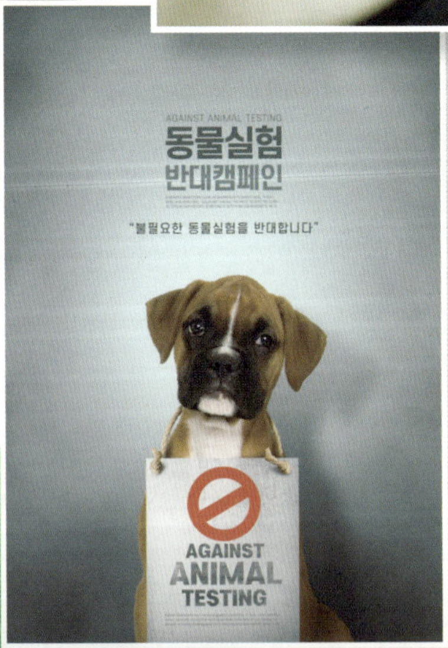

AI 시대 미래 토론

✅ 뭉치북스가 만든 국내 최초 토론책! ✅ 초등 국어
✅ 한국디베이트협회와 교

01 함께 사는 로봇	12 과학 Cook! 문화 Cook! 음식의 세계	23 생태계의 파괴자? 외래 동식물	얼마나 작아질까? 어디까지 발달할까? 나노 기술과 첨단 세계
02 원시인도 모르는 공룡	13 과학을 훔친 수상한 영화관	24 팔팔팔~ STOP!!! 우리나라도 위험해요. 소중한 물	
03 더 멀리 더 높이 더 빨리 스포츠 과학	14 끝없이 진화하는 무서운 전염병	25 오늘도 나쁨! 작아서 더 무서운 미세먼지	34 찾아라! 생명체가 살 수 있는 또 다른 별, 제2의 지구
04 까만 우주 속 작은 별	15 지구 온난화와 탄소배출권	26 식량 위기에서 인류를 구할 미래 식량	35 배울수록 더 강해지는 인공 지능
05 노벨도 깜짝 놀란 노벨상	16 먹을까? 말까? 먹거리 X파일	27 썩지 않는 플라스틱! 지구와 인간을 병들게 하는 환경 호르몬	36 창조론이냐? 진화론이냐? 다윈이 들려주는 진짜진짜 진화론
06 지켜라! 멸종 위기의 동식물	17 우리 몸을 흐르는 피와 혈액형		
07 도로시의 과학 수사대	18 진짜? 가짜? 가상현실과 증강현실	28 나와 똑같은 또 다른 나, 인간 복제	37 모두모두 소중한 생명! 멈춰요 동물 실험
08 살아 있는 백두산	19 두근두근 신비한 우리 몸속 탐험	29 미래의 디지털 첨단 의료	38 유해할까? 유용할까? 생활 속 화학 물질
09 콜록콜록! 오늘의 황사 뉴스	20 우리를 위협하는 자연재해	30 땅속 보물을 찾아라! 지하자원과 희토류	
10 앗 이런 발명가, 왜 저런 발명품	21 봄? 가을? 경계가 모호해지는 사계절	31 농사일부터 우주 탐사까지, 미래는 드론 시대	39 46억 년의 비밀, 생명을 살리는 지구
11 야깰수록 밝아지는 에너지	22 세균과 바이러스 꼼짝 마! 약과 백신	32 알쏭달쏭 미지의 세계, 뇌	40 과학자가 가져야 할 덕목, 과학자 윤리와 책임

ㅣ 공부다!

인재를 위한
과서

이제 토론이 공부다!
과학토론왕

과학토론왕 40권 + 독후활동지 40권
전 80종 / 정가 580,000원

이제 토론이 공부다!
사회토론왕

사회토론왕 40권 + 독후활동지 40권
전 80종 / 정가 580,000원

한우리 추천도서
경향신문 추천도서
경기도 초등토론 교육연구회 추천
경기도 지부 독서 골든벨 선정도서
환경정의 어린이 환경책 권장도서
한국 아동문학인협회 우수도서
학교도서관 사서협의회 추천도서

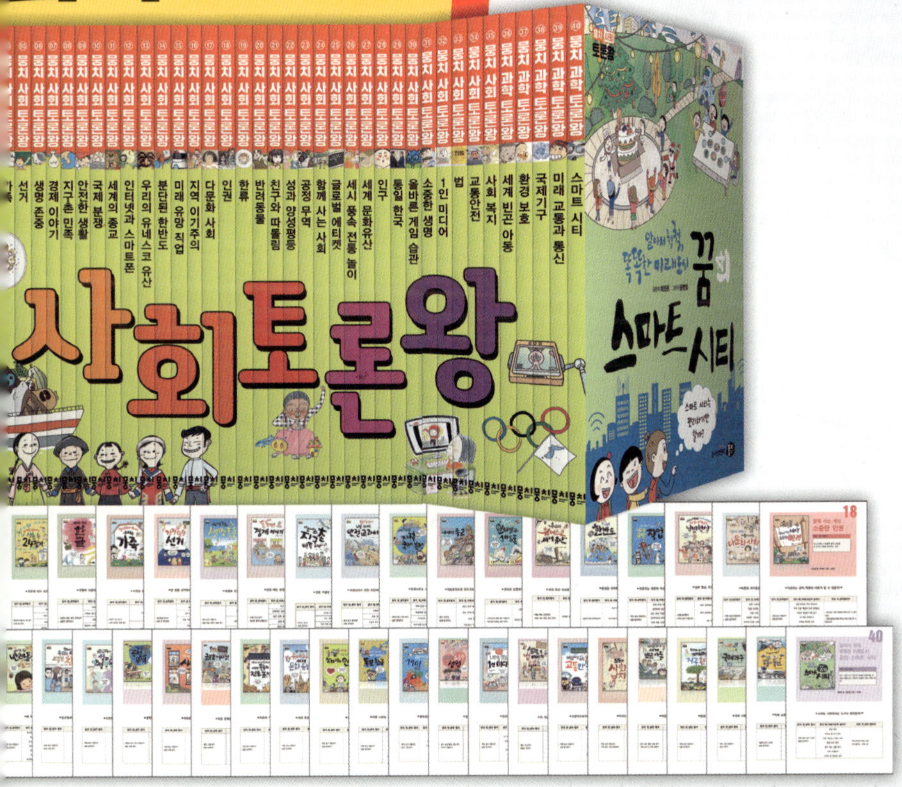

서 선정 도서!

✔활용 만점 독후 활동지 각 권 제공!

문가들이 강력 추천한 책!

01 우리 땅 독도
02 생활 속 24절기
03 세계를 담은 한글
04 정정당당 선거
05 우리의 유네스코 세계 유산
06 좋아? 나빠? 인터넷과 스마트폰
07 함께라서 좋아! 우리는 가족
08 한민족, 두 나라 여기는 한반도
09 너도 나도 똑같이 생명 존중
10 돈 나와라 뚝딱! 경제 이야기
11 시끌시끌 지구촌 민족 이야기
12 앗! 조심해! 나를 지키는 안전 교과서
13 바람 잘 날 없는 지구촌 국제 분쟁
14 믿음과 분쟁의 역사 세계의 종교
15 인공 지능으로 알아보는 미래 유망 직업
16 지역 이기주의 님비 현상
17 더불어 사는 다문화 사회
18 함께 사는 세상 소중한 인권
19 세계를 사로잡은 문화 콘텐츠 한류
20 변치 않는 친구 반려동물
21 왕따는 안 돼! 우리는 소중한 친구
22 여자? 남자? 같은 것과 다른 것! 성과 양성평등
23 모두가 행복한 착한 초콜릿, 아름다운 공정 무역
24 우리는 이웃사촌! 함께 사는 사회
25 틀린 게 아니라 다른 거라고? 글로벌 에티켓
26 신통방통 지혜가 담긴 우리의 세시 풍속과 전통 놀이
27 출발, 시간 여행! 유네스코 세계 문화유산
28 아이는 줄고! 노인은 늘고! 달라지는 인구
29 우리는 하나! 세계로! 미래로! 통일 한국
30 레벨업? 셧다운? 슬기로운 게임 생활, 벗어나요 게임 중독
31 살아 있어 행복해! 곁에 있어 고마워! 소중한 생명
32 나도 크리에이터! 시끌벅적 1인 미디어 세상
33 뚜아뚜아별의 법을 부활시켜라! 생활 속 법 이야기
34 하늘 · 땅 · 바다 어디서나 조심조심! 어린이를 위한 교통안전
35 함께 만들어요! 함께 누려요! 모두의 사회 복지
36 위아더월드, 도움의 손길이 필요해요, 세계 빈곤 아동
37 환경 덕후 오충사가 간다, 지켜라! 지구 환경
38 전쟁 NO! 평화 YES! 세계를 이끄는 힘, 국제기구
39 더 멀리, 더 빠르게! 미래 교통과 통신
40 알아서 척척, 똑똑한 미래 도시, 꿈의 스마트 시티

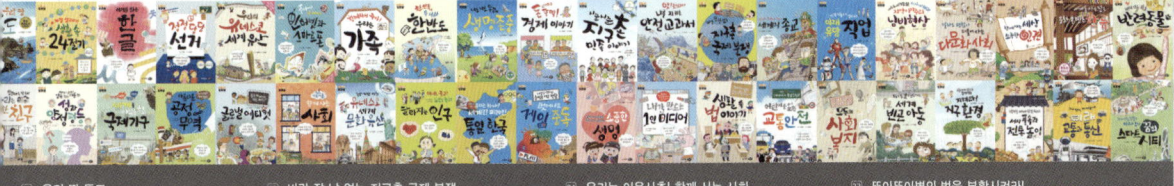

경기도 사서협의회 추천도서　한국교육문화원 추천도서　아침독서 추천도서

100만 부 판매 돌파!

수학이 쉬워지고, 명작보다 재미있는
뭉치수학왕

 +

"인공지능(AI) 시대의 힘은 수학에서 나온다!"

개념 수학

〈수와 연산〉
1 양치기 소년은 연산을 못한대
2 견우와 직녀가 분수 때문에 싸웠데
3 가우스, 동화 나라의 사라진 0을 찾아라
4 가우스는 소수 대결로 마녀들을 물리쳤어
5 앨런, 분수와 소수로 악당 히들러를 쫓아내라
6 약수와 배수로 유령 선장을 이긴 15소년

〈도형〉
7 헨젤과 그레텔은 도형이 너무 어려워
8 오일러 피노키오는 도형 춤 대회 1등을 했어
9 오일러, 오즈의 입체도형 마법사를 찾아라
10 유클리드, 플라톤의 진리를 찾아 도형 왕국을 구하라
11 입체도형으로 수학왕이 된 앨리스

〈측정〉
12 쉿! 신데렐라는 시계를 못 본대

13 알쏭달쏭 알라딘은 단위가 헷갈려
14 아르키는 어림하기로 걸리버 아저씨를 구했어
15 원주율로 떠나는 오디세우스의 수학 모험

〈규칙성〉
16 떡장수 할머니와 호랑이는 구구단을 몰라
17 페르마, 수리수리 규칙을 찾아라
18 피보나치, 수를 배열해 비밀의 방을 탈출하라
19 비례배분으로 보물섬을 발견한 해적 실버

〈자료와 가능성〉
20 아기 염소는 경우의 수로 늑대를 이겼어
21 파스칼은 통계 정리로 나쁜 왕을 혼내 줬어
22 로미오와 줄리엣이 첫눈에 반할 확률은?

〈문장제〉
23 개념 수학-백점 맞는 수학 문장제①
24 개념 수학-백점 맞는 수학 문장제②
25 개념 수학-백점 맞는 수학 문장제③

융합 수학
26 쌍둥이 건물 속 대칭축을 찾아라(건축)
27 열차와 배에서 배수와 약수를 찾아라(교통)
28 스포츠 속 황금 각도를 찾아라(스포츠)
29 옷과 음식에도 단위의 비밀이 있다고?(음식과 패션)
30 꽃잎의 개수에 담긴 수열의 비밀(자연)

창의 사고 수학
31 퍼즐탐정 썰렁홈즈①-외계인 스콜피오스의 음모
32 퍼즐탐정 썰렁홈즈②-315일간의 우주여행
33 퍼즐탐정 썰렁홈즈③-뒤죽박죽 백설 공주 구출 작전
34 퍼즐탐정 썰렁홈즈④-'지지리 마란드'의 방학 숙제 대작전
35 퍼즐탐정 썰렁홈즈⑤-수학자 '더하길 모테'와 한판 승부

36 퍼즐탐정 썰렁홈즈⑥-설국언차 기관사 '어려도 달리능기라'
37 퍼즐탐정 썰렁홈즈⑦-해설 및 정답

수학 개념 사전
38 수학 개념 사전①-수와 연산
39 수학 개념 사전②-도형
40 수학 개념 사전③-측정·규칙성·자료와 가능성

독후 활동지

본책 40권+독후 활동지 7권
정가 580,000원